AVESTA

LIVRE SACRÉ

DES

SECTATEURS DE ZOROASTRE

TRADUIT DU TEXTE

PAR

C. de HARLEZ

INDICES

PAR

Ch. MICHEL, D. Phil.

LIÉGE

L. GRANDMONT-DONDERS, LIBRAIRE-ÉDITEUR

RUE VINAVE-D'ILE, 22

1878

INDICES

Ces *indices* ont été faits de façon à permettre au lecteur de voir en un coup d'œil quels renseignements contiennent ᵢes trois volumes de cet ouvrage et de trouver aisément ceux qu'il cherche.

Ils se composent :

1° D'une liste alphabétique des noms propres et des mots spéciaux, expliqués dans les introductions et dans les notes, avec l'indication (en chiffres plus gros) des principaux passages du texte où ils se rencontrent.

On a pu ainsi réunir tous les renseignements épars dans les trois volumes, sur chacun des noms propres et des mots peu connus qu'on rencontre dans le texte. Pour ne pas empiéter sur les excellentes tables analytiques placées à la suite de chaque volume on n'a pas répété ici le contenu des différents chapitres du texte.

2° D'une liste des mots zends, pehlevis, pâzends et néopersans, expliqués dans les notes ou cités à l'appui d'étymologies proposées. On n'a pas cru nécessaire d'y faire entrer les mots sanscrits, grecs, gothiques, lithuaniens, hébreux et autres employés aux mêmes fins.

3° D'une liste des passages dont la traduction est discutée dans lés notes.

C. M.

<h1 align="center">1re PARTIE</h1>

A

Abàn. — Cf. Ardwi-çùra anàhità.
Abàn-yesht ; traduit, II, 200.
Abàn-nyàyish; traduit. III, 108.
Abu Mohamed Mustapha. I, 18.
Açabana (fravashi de). III, 41.
Açaya (montagne). III, 76.
Achéménides (les rois). II, 21, 25, 150, III, 1.
Açmò qanvào (fravashi de). III, 33.
Açnàtar. I, 51. Voyez ministres.
Açnàvant, açnavào. III, 76.
Açpahar. I, 102.
Açpàyaodha. III, 6.
Açperenò. I, 122.
Açpòpadhòmakhsti (fravashi de). III. 36.
Action de l'eau et du feu. V. 1, 286.
Açtòvidhòtus. I, 122, 122, 125. II, 237.
Açtvat-eretò. III, 89, victoire finale. Résurrection. (frav. de). III, 36, 37, 38.
Açwins (les). II, 128.
Adam. I, 89, 91.
Adarana (montagne). III, 76.
Adhutavào (montagne). III, 76.
Aeta (fravashi de). III, 37.
Aethrapaiti. II, 12. 156.
Aesha. II, 137, 137.
Aeshma. I, 43, 183, 183, 193, 193, 196, 197, II, 25, 109, 146, 264, 264.
Afraziàb.—Cf. Franraçya.
Afrigàn. III, 111, des gahambars, conséquences de l'omission des offrandes, id. des gàthas ; de Rapithvin, récompense de ce culte. III, 111-116.
Afrin (Etymol.) Bénédiction à Viçtàcpa. III, 91.—Afrin pai ghambar Zartutsh.
Afriti. II, 43. D. Agereft. I, 117.
Agha doithri. I, 265, III, 84.
Aghraeratha. II, 224, III, 4 ; (fravashi de). III, 39.

Agriculture. I, 52, id. et instruments de labour. I, 223.
Ahriman. I, 104, II, 2, 3. Cf. Anro-Mainyus.
Ahunaç (montagne). III, 76.
Ahunavaiti (Gatha). II, 34, 37, 103, III, 118, prière après le G. A. II, 54.
Ahuna vairya. I, 56, II, 75, (commentaire sur l'). II, 90, (texte primitif et trad.) II, 91. Chasse les dévas sous terre. III, 68, 88. Arme de Çraosha. II, 165.
Ahura-Mazda (apparaît à Zor.) I, 19. (yesht d'). II, 191 ; (fravashi d'). III, 29.
Ahura-Mithra (couple). II, 63. Ahura-M. sacrifie à Ardwiçura. II, 202, à Tisthrya. 219, à Mithra. 243, à Vayou. III, 55. 67, 68, 70, 241. 246, III.
Ahura puthra. III, 53.
Ahuràni. II, 176, 179. III, 131.
Aipivòhu. III, 86.
Airyama. I, 270, 284.
Airyama-Isthrya. II, 36, 57, III, 117, (prière après). I, 272.
Airyàna-Vaeja. I, 78, 82, 95, 95, II, 75, 202, 211, III, 55.
Aiwiçrùthrema. II, 63, 65. (gah de). III, 120.
Aiwiqarenò (frav. de). III, 37.
Akana. I, 222.
Akayadha (frav. de). III, 38.
Akhrùra. III, 6, (fravashi de), III, 40.
Akhtya, III, 37.
Akòmanò. I, 42, 256. II, 114, III, 90, 82.
Alborj (montagne). III, 3.
Alexandre. I, 20, III, 1.
Ames des animaux invoquées. II, 126.
Amerekhtis. II, 243.
Ameretàt. II, 44, 61. 61, 66, 67, 68, 70, 116, 136, III, 96.

Amesha-Çpentas (les). I, 40-41, 42, 45, 55, 59, 89, 201, 258 et pass. II, 24, 46, 122, (Yesht des) 195, (frav.). III, 30, créatures d'A. M. II, 1, 94, prières. II, 40, 41, 42, 69, 87, sept A. Çp. II, 196, 197, III, 77.

Amru (fravashi d'). III, 35.

Anàdrukhti. II, 180.

Anàhita. I, 30, 55. Cf. Ardvi-Çùra.

Anahita. I, 42, 193, 264.

Anu pur (l'). II, 129.

Animaux bons et mauvais. I, 70.

Anquetil. I, 114.

Anhuyu (fravashi de). III, 37.

Ankaça (frav. de). III, 33.

Année éranienne. I, 60.

Anro-Mainyus. I, 42, 43, 44, 57, 62, 65, 71, 104, 107, 183, 192, 193, 206, 255—8, 264, 272, 292, II, 23, passim.

Antaredanhus (montagne). III, 76.

Antarekanhas (montagne). III, 76.

Aoighimant (fravashi de). III, 34.

Aoshnara. III, 4, 92, 92, (fravashi de) 39.

Apâm napât. II, 208, 216, 220, III, 83, 83, 117, 114, III, 131.

Apaosha. I, 43, II, 218, III, 73.

Apaotana. III, 86.

Aptya. III, 3.

Ara. III, 35.

Arachosie. I, 49.

Arashya (frav. de). III, 37.

Aravaostra (frav. de). III, 38.

Arbre aux remèdes. III, 13.

Ardà i Viràf nàmeh. I, 99, 102, 103, 105, etc.

Ardeshir. I, 20, réunit les parties éparses de l'A.

Ard-i-Behisht. Cf. Asha Vahista.

Ardhô-Manusha (montagne). III, 75.

Aredus (coup.) I. 118.

Ardvi-çûra. I, 271, II, 173, 176, 201, (Yesht. d') 200 et 247 ; personnes exclues des sacrifices à A. 210 ; faveur qu'elle accorde 209, 213.

Arejanhao (frav. de). III, 36.

Arejaona (frav. de). III, 37.

Arejat açpa. II, 212, 225, III, 69, 88.

Arezahi (Karshvar). II, 227, 234, I. 256.

Arezoshaman. III, 80.

Arezûra. I, 44, 103, 264, 265, III, 76.

Arezvàt (frav. de). III, 38.

Armaiti. II, 24, 39, 89, 114, 125, I, 40, 41, 55.

Armes éraniennes. I, 222.

Kavi Arshan (fravashi). III, 39.

Arshna. III, 86.

Arshvào (fravashi de). III, 35.

Arshya (fravashi de). III, 35.

Arstàt. II, 41, 62, 195, 245, III, 10, 11, 125, 127.

Arsti. II, 167, III, 10.

Arviç-gah. II. 11.

Les Aryas. I, 17, 39.

Aryas (les védiques). II, 116.

Arya. III, 4.

Aryama. I, 269, 272, 275, 279, 283, 284.

Aric. I, 88.

Asha. II, 54, 54, 122.

Ashaçaredha (fravashi de). III, 36.

Ashaçavo (frav. de). III, 36.

Ashaçtu (frav. de). III, 35.

Ashàhura (frav. de). III, 36.

Ashanemanha (frav. de) III, 38.

Ashaskyaothna (frav. de). III, 36.

Ashavahista. I, 40, 258, 270, II, 61. 197, 247, III, 118, 82 (Yesht d'), II, 196. — Le plus beau des A. Çp. II, 196, III, 123, (prière — Ashem vohu). II, 34.

Ashavanhu (frav. de). III, 35.

Ashavazdào (frav. de). III, 36.

Ashemaogha. I, 43, 122, 154, 189, 189, 190, III, 35, 60, etc.

Ashem vohu (prière, texte et commentaire). II, 95, mérite de la récitation selon les circonstances, II, 184.

Ashem-yahmài-usta (frav.). III, 37.

Ashem-yenhô-raocào. III, 37, (frav.)37.

Ashem-yenhô vareza. III, 37, (frav.)37.

Ashi vanuhi. I, 267, II, 43, III, 35, tient le char de Mithra, II, 234, appelle Zoroastre et le caresse, III. Yesht. III, 64, 133.

Ashnô-quunvào (frav.). III, 33.

Asho-urvatha (frav.). III, 36.

Asho-pairya (frav.). III, 37.

Asho raocào (frav.). III, 33.

Asho zusta. I, 240, 240.
Asta. II, 225,
Astâd-yesht. III, 73.
Astra mairi. I, 243.
Astvatereto, III, 38, (frav.) 38.
A sura. I.
Atar. III, 82 (lutte contre Azhi pour la majesté).
Atareçavô (frav.). III, 34.
Atarecithra. I, 250, (frav. de). III. 34.
Ataredahyu. I, 250.
Ataredanhu (frav. de). III, 34.
Ataredâta. I, 250, 250, (frav. de). III, 34.
Atarepâta (frav. de). III, 34.
Atareqareno (frav. de). III, 34.
Atarevana (frav. de). 34.
Atarevakhsha. I, 51. Voy. *ministres.*
Atarezantu. I, 250, (fravashi de). III, 34.
Atash behram nyayish. III, 109 (trad.)
Atesh-Gah. II, 11.
Athravan I, 51, 213.
Athwya. III, 3, 92.
Atropatenè. I. 83.
Aurva-Hunava. II, 206.
Aurvat-Açpa. III, 6.
Avand. II, 11.
Avaoirísta (coup.). I, 118.
Avaraoshi (fravashi). III, 34.
Avaregâo (frav.). III, 38.
Avarethraba (frav.). III, 35.
Avesta (Etymologie). I, 26· (parties les plus anciennes) 24, (rédaction définitive) 25, (langue de l') 26, (authenticité de l') 27, (manuscrits) 26, (transmission du texte) 26, (style de l') 31, (ordre suivi dans les cérémonie du culte journalier, II, 11.
Ayêhyê. I, 278, 278.
Ayâthrema. II, 34, 34, III, 113, 113.
Ayoaçti (frav. de). III, 36.
Ayûta (frav. de). III, 37.
Azâta (frav. de). III, 35.
Azi, Azhi. I, 43, 246, III, 82, (azhi et le feu).
Azhi Dahâka, III, 3, 4, 82, 82, I, 82, 87, II, 203, 203, III, 92.
Azhus. II, 159.

B

Baçtavari (fravashi de). III, 34.
Bactriane. I, 49, 50, passim.
Baeshaçtma (fravashi de). III, 38.
Bagas. II, 245,
Bagha. II, 80, 179, (Ahura-M.) 55, et Les Baghas. II, 245. (La lune). II, 215.
Bakhdha. I, 49.
Bâkhdhi. I, 84, 84.
Baktha. I, 46.
Baodhôvarsta. I, 153, 170.
Bâonha (fravashi de). III, 38.
Barana (montagne). III, 76.
Bareçma. I, 30, 59, 103, 105, 106, 260, 285, II, 13, consécration, II, 36, 65, III, 97, 12.
Baremna (fravashi de). III, 37.
Barôçrayana (montagne). III, 76.
Barsom Cf. Bareçma.
Barsom cin. I, 221.
Bashi. II, 199.
Bauri. II, 203.
Bayana (montagne). III, 76.
Berejyarsti (fravashi de). III, 34.
Berezjnu (fravashi de). III, 35.
Berezôçavô. V. feux.
Berezya. II, 62.
Bérose. I, 13 etc.
Bishâmrûtas. I, 188.
Bonnes œuvres. I, 286.
Boundehesh. I, 89, 91, 95 et pas.
Bouddhistes. I. 122.
Bûdhra (frav. de). III, 35.
Bûiti. I, 43, 264, 264.
Buji. II, 199.
Bûjiçravô (fravashi de). III, 34.
Bumya (montagne). III, 76.
Bûshyançta I, 43, 196, 197, 246, 246,
Byarshan (Kavi). III, 86, (fravashi de) III, 39.

C

Cadavres. Traitement. I, 67, impuretés qu'ils causent ; id. Cérémonies funèbres I, 68.
Caêçaçta. II, 205, 225, III, 69, 123.
Çaena. III, 33, 50, (fravashi de) 33.

Çaêni. II, 199.
Çafa. I, 183.
Cagar. I, 19.
Çairima. III, 4.
Çairivàs (montagne). III, 76.
Cakhra. I, 87.
Cakhshni (fravashi de). III, 36.
Çâma. III, 4.
Çâma Kereçàçpa (frav.). III, 40.
Camru (fravashi de). III, 35.
Çaoka. I, 266, 266, 270, 282.
Çaoru. I, 193.
Çaoshyant. I, 44, 46, 257, 257.
Caretus. I, 96.
Çatavaêça. II, 216, 217, III, 23.
Cathwaraçpa (frav. de). III, 37.
Cathrusàmrûta. I, 188.
Çaurva. I, 42, 204, 264.
Çavanhi. II, 65.
Çàvas. çàvanhi. II, 62, 62, III, 117.
Cérémonies du culte. II, 43.
Chakhra. I, 87, 87.
Chant liturgique. I, 249.
Chardin. I, 22, 85 et pass.
Çicidavas (montagne). III, 76.
Ciçti Vanuhi. I, 267, II, 43, III, 10 etc.
Cinmàna. II, 230.
Chefs ou Ratus des différentes classes
    d'êtres. II, 33.
Chefs politiques de l'Eran. II, 95, III,
    120.
Cheveux, coupe etc. V. I, 291.
Chien. I, 30, 89, 70, 286.
Cinwat (le Pont). I, 45, 206, 207, 263,
    265, II, 93, 141.
Çkàryathrata (fravashi de). III, 35.
Classes de la nation éranienne. I, 51,
    II, 95, III, 120.
Çnàvare bàzura. I, 222.
Çnàvidhaka. I, 57, 292, III, 81.
Complémentaires (jours). III, 24.
Constructions persanes. I, 165, 224.
Contrées avestiques. III, 43.
Contrats. V. I, 287.
Convocation des ministres et des fidèles
    au sacrifice. II, 37.
Çoshyant. III, 39, II, 257, II, 102,
    III, 39.
Çoshyants (les). II, 26, 39, 45, 121,
    140, 189, 158, III, 18, 28, 64, 130.

Coups et blessures. V. I, 287.
Çpenjaghra. I, 267, 268.
Çpenta Armaiti. Cf. Armaiti.
Çpenta Mainyus. I, 40, 106, 106, 189,
    205, 206, 292, II, 23, 68, 109. —
    Gàthà Çp. M. II, prière après II, 53.
Çpenta-Manthra. I, 45.
Çpentô-dàta (montagne). III, 76.
    —   (fravashi de). III, 36.
Çpinjarista (guerrier). II, 225.
Çpitavarenâo (montagne). III, 76.
Çpiti (fravashi de). III, 37.
Çpityura. III, 2, 82.
Çraosha. I, 19, 45, 51, 54, 155, 183,
    183, II, 88, 88, 162, (fravashi de).
    III, 30, (yesht). II, 163 et III, 8.
    Son colloque avec la Druje. I, 248 et
    s. Il veille sur le feu, I, 246.
Çraoshô-carana. I, 101, 179.
Çraosha vareza. I, 51, 132.
Création de Çpenta Mainyus. I, 205,
    II, 63, 64, 108, III, 14, 55, etc. —Des
    2 esprits. I, 79, 82, et s. II, 165,
    III, 29.
Crémation des morts. I, 62, 87, 174 et s.
Çriraokhshan (fravashi de). III, 34.
Çriravanha (fravashi de). III, 87.
Çruvara. II, 74, 74, III, 30.
Çtaota vahista (fravashi de). III, 36.
Ctesias. I, 13, 288.
Çtipi (fravashi de). III, 37.
Culte Zoroastrien. I, 58, Id. d'après
    Strabon, II, 8, culte primitif de
    l'Eran. II, 9.
Çuroyazata (fravashi de). III, 37.
Çyàmakas (montagne). III, 76.
Çyàvàspi (fravashi de). III, 36.
Çyavarshàna. II, 224, III, 5, 86, 92,
    (frav.) 39.

D

Dàdara. I, 183.
Dàdgàh. I, 175.
Daenavazô (fravashi de). III, 33.
Daêvayaçnas (adorateurs des Dévas). I,
    158, 156, 251, 262, II, 208, 225, etc.
Danhu. I, 49, 50.
Danhu çaçti. I, 49.
Dahàka. Cf. Azhi Dahàka.

Dâitya. I, 95, 256.
Daityogatus. I, 162, 175.
Daiwis. I, 264, 264.
Dakhma. I, 68, 104, 104, 105, 146.
Danhuçruta (fravashi de). III, 36.
Danhufrâdâo (fravashi de). III, 36.
Dânous (les). III, 53, II, 208.
Daona-Zairita. III, 33, (fravashi), 33.
Daqyuma. II, 62, 62, III, 119.
Darâja. I, 258, III, 132,
Darayathra (fravashi de). III, 35.
Daroun. Cf. Draona.
Darvands (les). I, 42.
Dastam. II, 11.
Dawramaeshi (fravashi de). III, 37.
Daûlier. I, 22.
Darsgaro-gava (fravashi de). III, 38.
Derimehr.
Destôbar. II, 12, I, 110.
Démonologie mazdénne. I, 40.
Destour. Cf. Destôbar.
Destin. I, 46.
Destruction des serpents, etc. I, 71.
Dévas (les). I, 39, 42, 43, 57, 62, 70,
    73.
— Vareniens. I, 193.
— Mazaniens. I, 104, 184, 190, 240,
    II, 102, 167, 202, 224, III, 40, 56.
    Vyambhuras, III, 52.
Déva du Vent. I, 193 — de l'hiver, I, 164.
Dhojano. II, 240.
Dîn. Daêna (la loi) Yesht de. III, 62.
    Zoroastre lui sacrifie.
Disti. I, 239.
Dimesqi. I, 35.
Duncker M. I, 47, 101.
Drâta (fravashi de). III, 35.
Draona. I, 132, II, 14.
Driwis. I, 264, 264.
Droshiswas (montagne). III, 76.
Druaçpa (Yesht de). II, 223, 248.
Drukhs. I, 32, 42, 43, 63, II, 24,
    passim.
Druje. Cf. Drukhs.
Duzaka. I, 204.
Duzhyâirya. I, 43, II, 222 (Pairika).
Dynasties légendaires de l'Eran. III, 2.
    Héros légendaires id.

E

Eaux (les). II, 125.
Eaux pluviales. I, 286.
Enfer. I, 138, 265, II, 101, 183, III,
    81, 130.
Enterrement. I, 67.
Entretien du feu sacré. I, 58.
Eran. I, 47. Situation politique. I, 49.
Eredhwa (fravashi de). III, 37.
Erezifya (montagne). III, 76.
Erezishô (montagne). III, 76.
Erezrâçpa (fravashi de). III, 37.
Erezura (montagne). III, 76.
Esh. I, 260.
Espace. I, 91.
Esprits (les deux) originaires. II, 108,
    138, 292, III, 17, 81, 103.
Esther (livre d') I, 2.
Etoiles. I, 278, II, 63, 64, etc.

F

Famille. I, 66.
Fargard. I, 73.
Faucon de l'âge. III, 48, 63.
Feridoun. Cf. Thraetaona.
Ferverds. Cf. Fravashis.
Fêtes mazdéennes. I, 59.
Feu (les 5 espèces de). II, 90. Culte du
    feu, I, 58, 285, prières au feu, II,
    123, 171, etc.
Frâbâzu. I, 151.
Flandin. I, 22, 97, 99 et pas.
Fraberetar. I, 54.
Fracithra (fravashi de). III, 38.
Fraçrathra (fravashi de). III, 37.
Fradadhafshu. Voyez Karshwar.
Fradakhshainas. I, 222.
Fradâkhsti (fravashi de). III, 40.
Frâdatfshu II, 62, III, 118.
Frâdatnara (fravashi de). III, 37.
Frâdat virâ. II, 62, 62.
Frâdat viçpâhu jyâiti. III, 120.
Frâdhatvanhu (fravashi de). III, 37.
Fradidaya (fravashi de). III, 33.
Fraeya Tourvati (fravashi de). III, 36.
Franraçe. II, 204, III, 4, 84, 84.
Franraçya. Cf. Franraçe.

Franraçyana. I, 49, II, 83. Cf. Franraçe.
Fraoraostra (fravashi de). III, 37.
Fraorepa (montagne). III, 76.
Frapadha. I, 249.
Frapayo gairi (montagne), III, 76.
Frâràthni. I, 451.
Frarâzi (fravashi de). III, 37.
Frasha. II, 26.
Frashaoçtra. Hnova (fravashi de). III, 34.
Frashaoçtra. II, 142, 149, 155, 158, 180.
Frashanvereta (fravashi de). III, 34.
Frashàvakhsha (fravashi de). III, 35.
Frashôkereta (fravashi de). III, 34.
Frashôkereti. III, 26, 26.
Fratura (fravashi de). III, 38.
Frava (fravashi de). III, 37.
Fravanku (montagne). III, 76.
Fravashis (les). I, 40, 41, 49, 53, II, 35, leur puissance, leurs dons. Ils soutiennent et font prospérer le monde, etc. III, 15, reviennent aux jours complémentaires, III, 24 99999 gardent le corps de Kereçàcpa et le semen de Zoroastre. III, 26. Prières en faveur des morts, III, 98, 100.
— (Etymol.). II, 98.
— (Yesht des). III, 15.
Frâyatratha (fravashi de). III, 35.
Frâyazanta (fravashi de). III, 36.
Frâyodha (fravashi de). III, 35.
Frazdânu. II, 212.
Frenas (fravashi de). III, 36.
Freni (fravashi de). III, 41.
Frinaçpa (fravashi de). III, 37.
Fro Hukafra (fravashi de). III, 38.
Froidhat-qarene (fravashi de). III, 38.
Frya (fravashi de) III, 36, 37.
Fryâna. II, 142, 142.
Fsoushô-Manthra. II, 165.

G

Gaêçus. I, 157, III, 26.
Gah (prière). III, 117.
Gaevani vohu nemô (fravashi de). III, 16.
Gahs et génies qui y président. II, 63.
Gâhânbars (les) ou saisons. I, 59, 60, 66, II, 34, III, 3.

— (Afrigan des). III, 111.
Gandarewa. I, 57, II, 204, III, 80.
Gaokerena. I, 268, 271, 271.
Gaomat (fravashi de). III, 38.
Gaopisanhus (fravashi de). III, 36.
Gaotama. III, 18.
Garônman. I, 264, 265, II, 121, 139, III, 98.
Garsta (fravashi de). III, 37.
Gàthàs (les). I, 24, 31, 266, II, 7, 35.
— (caractères des). II, 20
— (— historiques des). II, 28.
— (Idiome des Gàthàs). II, 23, 250.
— (Age des). II, 22, 105, 110, 117, 119, 133.
— (Auteur des). I, 20, 139, 143, 147, 150, 152.
— (Doctrines des). II, 23-29.
— (Dualisme des). I, 292.
— (Organis. pol. dans les). II, 26.
— (Afrigan des). III, 114.
Gatu miçwàna. I, 265, 265.
Gàu. I, 83 83.
Gauri (fravashi de). III, 37.
Gavya (fravashi de). III, 33.
Gayâdàçti (fravashi de). III, 36.
Gayomart. Cf. Gayomereta.
Gayomereta. II, 55, 87, 98, 102, 87, III, 2, entend le premier les enseignements d'Ahura. III, 30.
— (fravashi de). III, 30, 42.
Genas. II, 35, 38, 125.
Génies (bons et mauvais). I, 37, 38, 53.
Géus urva. II, 105. (Yesht) Voy. Gosh.
Gloses pehlevies. I, 25, II, 80, III, 212.
Gobryas. I, 20.
Gomoza. I, 63, 64, 65.
Gosh (Yesht de). Cf. Druaçpa.
Guèbres. I, 22.
Guerriers. I, 52.
Guzerate. I, 22.

H

Habàçpa (fravashi de). III, 34.
Hadès. I, 29.
Hadhaenaepata. II, 43.
Hadhaokta. II, 36, 36.
Haccataçpa. II, 17, 142, 142, 159.

Haetumat. I, 86, 267.
Haj i kalfa. I, 35.
Hamaçpathmaeda. III, 113, 113.
Hamzah. III, 2, 3, etc.
Hanhuru (fravashi de). III, 34.
Haoçravo (kavi) (fravashi de). II, 39.
Haoma. I, 19,30,35,49, 51,54, 55, 56,
  61, 64, 66, 144, 260, II, 43, 46, 72
  et suiv. 147, III, 53. Yeshts. II. 72-
  82. Malédiction de H. II, 82. Sacrifie
  à Druaçpa , 225, à Mithra 258.
Haomoqarena (fravashi de). III, 36.
Haoshyanha. II, 202, III, 2, 78.
  —   (fravashi de). III, 40.
Haptâ Hendu. I, 87, 87.
Haptanhâiti (yaçna) ses doctrines. II,
  122, prières relatives au II, 51. .
Hapto iringa. II, 216, III, 14, 26, 124.
Hara berezaiti. I, 43, 54, 277, 278,
  III, 75.
Haraeva. I, 84, 84.
Haraiti. II, 80.
Haraqaiti. I, 85, 85.
Haredaçpa (fravashi de), III, 37.
Hare-Rud. I, 47.
Hâs. II, 6.
Hashi. III, 40, II, 199.
Hâthra. I, 96.
Haug. III, 21, 26, etc.
Haurvatât. I, 40, 51, II,61,61,116,136.
  —   (Yesht d') II, 199.
Hâvâna. I, 51, II, 14, 44.
Hâvâni. II, 62, 62, 63, 65, 72, 87.
  —   (Gah). III, 117.
Helmend. I, 47.
Herbed. Cf. Aethrapaiti.
Herbelot. I, 19.
Hérétiques, sectaires, etc. I, 244, 287,
  II, 210, 223, 245.
Héros légendaires de l'Eran. I, 57, II,
  1 et s.
Hetumat I, 80, 267.
Hindu ou Hindva. II, 166,239,III,220.
Hitâçpa. III, 58, 80.
Hôma; offrande et consécration. II,43,
  45-49, 68.
Hom pialch. II, 14.
Honover. Cf. Ahuna. Vairyo.
Hosheng. Cf. Haoshyanha.
Huâpa. I, 130, 130.

Huarsta. II, 187, 187.
Hubis (arbre). III, 13.
Hucithra (fravashi de). III, 44.
Huçrava. II, 224, III, 5, 6, 86, 93.
Hufravâkhs (fravashi de). III, 38.
Hugâo (fravashi de). III, 37.
Huile. II. 188.
Huja. I, 204.
Hukairya. I, 55, II, 174, 200, 210,III
  13, 16, 56.
Hûkta. II, 187, 187.
Huma (fravashi de). III, 41.
Humâta. II, 187, 187.
Hunus (les). III, 80, 80.
Huogwide. II, 142.
Huskyaothna (fravashi de). III, 34.
Hutaoça. II, 25, III, 58. (fravashi de).
  III, 41.
Huyazata (fravashi de). III, 37.
Huyâirya. II, 222.
Huzvaresh. I, 21.
Hwarecaesman (fravashi de).III,37,38.
Hvarecithra (fravashi de). III, 33.
Hyde. I, 22, 101, 105, et passim.
Hyaçpa (fravashi de). III, 37.
Hvaredna (fravashi de). III, 41.
Hvare Khshaeta (le soleil), Yest, II.
  214. I, 34.
Hvareza (fravashi de), III, 38.
Hvovi, I, 19. (fravashi de). III, 41.
Hware Khshaeta, I, 56.
Hwovides (les). II, 211.
Hymmes mazdéennes. I, 59.

I

Ibn Muqaffa. I, 21.
Içat-vastra. II, 101, 101 (fravashi de).
  III, 33.
Indo-Européens. I, 47,48.
Indoukoush. 1, 47,48.
Impureté (fautes diverses). V. I, 287.
Inscriptions cunéiformes persanes.I.14,
  79.
Instruments servant à l'autel du feu. I,
  221.
Iran (histoire primitive). III, I.
Iraniens. I, 48.
Iskata. II, 227. III, 76.
Ishuqâthakto. I, 122.

Istava (montagne). III, 76.
Izeshne-Khâneh. II, 11.

J

Jahi. I, 252, 278. II, 198.
Jâmâçpa. II, 143, 155, 111, 92. (fravashi de). III, 38.
Jâmâçpa hvova (fravashi de). III, 34.
Jainis (les). I, 272, 276. II, 81, 231. 233. III, 87.
Jannaya. I, 157.
Jarôdanhu (fravashi de). III, 35.
Jarôvanhu (fravashi de). III, 36.
Jataras (montagne). III, 76.
Jazhus.
Jouti. — Cf. Zaota.
Jolly. S. I, 101, 127.

K

Kaboul. I, 85.
Kaçuis. I, 204.
Kaçnpatu (fravashi de). III, 36.
Kadwa-açpa (montagne). III, 76.
Kaianides (les). III, 5, 7.
Kakayus (montagne). III, 76.
Kamore. II, 240.
Kançôtafedhra (montagne). III, 76.
Kançôya. I, 257, 257.
Kançu. III, 85, 85.
Kanha. II, 206.
Kanuka (fravashi de). III, 41.
Kapaçti. I, 96.
Kaquji. I, 278, 278.
Karaçna (fravashi de). III, 35.
Karapans (les). II, 75, 116, 137, 141. 147, 155, 192. III, 200, 202, 230. IV, 40.
Kardé. II, 6.
Karô-maçyô. I, 271, 268. II, 33. III, 48.
Karshipta. I, 99. II, 33.
Karshwar. I, 258, 267. II, 227. III, 12.
Katas. I, 128. II, III, 68.
Kavaraçma (fravashi de). III, 34.
Kavâta (Kavi). III, 86. (fravashi de). III, 39.
Kava-Uç. II, 205, 224. III, 5, 49, 92.

Kavis (les). II, 116, 116. III, 2, 86. (frav.). 37. Voy. aussi les passages cités sous Karapan.
Keça. II, 74.
Kereçàçpa. I, 57, 81, 85. III, 4, 5, 26, 57, 80. (exploits, il recueille la majesté d'Yima). 92.
Kereçani. II, 76.
Kereçaokhsan (fravashi de). III, 34.
Kerises ou arrosage en Perse. I, 218.
Khadukbar. I, 105.
Khafstras. I, 148, 174.
Khnenta. I, 85, 85.
Khorda Avesta. I, 23, 32. II, 191.
Khordd. —Cf. Haurvatât.
Khorshed-Nyayish. III, 105.
Khrafçtra.
Khrafçtraghna. I, 243.
Khshathravairyo. I, 40, 51, 274.
Khsbathrocino (fravashi de). III, 36.
Khshathroçaoka. II, 206.
Khshwinoraçpa (fravashi de). III, 36.
Khstâvis (les). II, 22.
Kiepert. I, 77, 86.
Khumba. III, 40.
Koiriça (montagne). III, 76.
Kuiri. I, 222.
Kunda. I, 43, 268.

L

Lagarde. I, 88, 114 et pas.
Légendes perses. III, 1.
Liturgie ancienne. II, 8.
— moderne. II, 5.
Livres liturgiques. II, 6.
Loi mazdéenne. I, 285.
Lohrâçp. Cf. Aurvat-açpa.
Lois pénales de l'Avesta; leur sanction. I, 52, 287.
Lumière et ténèbres. I, 401, 90 ; lumières sans principe. I, 199, 196, 265. II, 64, 89, 187. III, 14, 26 ; lunaisons. II, 63.
Lune. I, 278. II, 67. etc. Voy. maonha.

M

Madhaka. I, 86, 86, 151.
Madhyomâo. III, 33. (fravashi de). III, 33.

Mages. I, 36, 17. môghu. 159, 174.
Maghupaiti. I, 51. II, 11.
Magie. I, 36. II, 71.
Mah. - Cf. Maonha.
Maidhyairya. II, 34. III, 113,113.
Maidhyomao (fravashi de). III, 38.
Maidhyômâonha. II, 155.
Maidhyoshema. III, 112.
Maidhyozaremaya. II, 34. III, 112, 112.
Maidhyozema. II, 34, 34.
Majesté royale, Qarenô. (Yesht III,77.) 134. est propre à Zoroastre. III, 77, 87. — A qui elle appartient et qui l'obtinrent. III, 77, 89. V. I, 266.
Maladies. I, 272.
Malédiction interne (dâmois upamâna).
Manês. I, 114.
Manou. I, 214, 62, 64, 98, 199, 167, 122, 123, 126, 225, 237, 245, 249, 268. II, 210.
Manthra. I, 109.
Manthra-Çpenta. I, 73, 277, 283. II, 55, 191. III, 10, 74, 42, etc., (fravashi de). III, 30.
Manthrâno-Dûtas. II, 26.
Manthravaka. III, 35. (fravashi de). III, 35.
Manucihr —Cf. Manuscithra.
Manuscithra. III, 4. (fravashi de), III, 39.
Manzdrâvanha (fravashi de). III, 37.
Mâonha (Yesht de) II, 214. 240.
— (Nyâyish). III, 107.
       prière conjuratoire. III, 131.
Margiane. I, 49.
Mariage I, 66, 67.
Masudi. III, 4.
Matière et esprit. I, 89.
Mazanderan. I, 14.
Mazdéisme. I, 20.
Mazdak. I, 114.
Mazisisvan (montagne). III, 76.
Maximes de Zoroastre. II, 206 etc.
Médecine et médecins. V. I, 286.
Menakhas (montagne). III, 76.
Mensonge. I, 62,69.
Merezu Parô. I, 266,268.
Métrique de l'Avesta. II, 19.
— des gâthâs. II, 133, 156,160.

Mihir.—Cf. Mithra.
Miçvâna. I, 265. III, 125.
Ministre du culte. II, 12, 37. III, 96, 120.
Minokhèred. I, 15, 41, 84, 99 et pas.
— (fragment traduit). I, 279.
Mithra. I, 30, 37, 41, 43, 53,54,55,59, 64, 69, 155. II, 62, 63, 236, 238, 239, 240, 241, 243, 245, 248. III, 79. — (Yesht de).II, 226.
— (fravashi de). III, 30.
Mithradrujes. II, 171, 226, 228, 231, 236. III, 54.
Mizat-i-pharsi. I, 19.
Mobed. — Cf. Maghupaiti.
Monde corporel. I, 89.
Montagnes avestiques. III, 75.
Morale mazdéenne. I, 44, 69.
Mortiers. I, 61. II, 46.
Môuru. I, 84, 84.
Moshabé. II, 13.
Muidhi. I, 196.
Mujhab. I, 47.
Mudjmil ut-tewarik. I, 28. III, 1.
Mussitatio. I, 219.
Myazda. I, 167. II, 12,66, 215. III,27, 111, 113.

N

Nabânâzdista. II, 65, 98. III, 42.
Naçus. I, 43, 63, 68, 105, 194, 196. II, 199, 200.
Nairyoçanha. I, 264, 283. II, 41, 47, 90, 163. (fravashi de). III, 30.
Nanhusmâs (montagne). III, 76.
Nâonhaiti. I, 42, 193, 264.
Naotara, II, 4. fravashi de). III, 34.
— (les). III, 6. II, 214.
Nalik-nâmeh ashuri. I, 21.
Naptya (fravashi de). III, 34.
Nara myazdana (fravashi de). III, 35.
Naudar. —Cf.Naotara.
Naurôz. III, 3.
Nemovanhu (fravashi de). III, 35.
Neriosengh. I, 27.
Nirang. III, 110. Nirang-atesh. id.
Niça I, 84, 84, 62.
Nmâna. I, 49, 50.

Nmânya. II, 63. III, 121.
Noatairya. II, 211.
Noé. I, 91, 92.
Nosks. I, 22.
Nyayish. III , 105. Nyayishs du soleil de Mithra, de la lune, des eaux et du feu. III, 105,106.

O

Obéissance à la loi. V. I, f. III, 1-6. V. fin.
OEuil d'Ahura. II, 64. Yeux d'Ahura. II, 179.
Offrandes. II, 14, 127.
Or. II, 188.
Osthanès. I, 20.
Oxus. I, 18, 47, 49, 87. II, 207.

P

Padoxha. I, 19.
Paesis. III, 89, 89.
Pahlavas. I, 21.
Pairika. I, 43, 81, 85, 227, 272. II, 192, 199.
Paiti (étoiles). I, 49, 221, 229, 230. III, 30, 40, 56, 78.
Paitidâna. I, 30, 66, 222, 243.
Paitiata (fravashi de). III, 35.
Paitishahya. II, 34, 34. III, 112, 112.
Paitivanha (fravashi de) III, 35.
Paityaishvâo (fravashi de). III, 35.
Paoiryotkaesha. III, 31, 42. II, 65, 98.
Paradhâtas. III, 2.
Paradis (Vahista Ahu). I, 247, 265. II, 41, 56, 84, 89, 170, 178. III, 14, 130.
Parahaoma. II, 15.
Pardon des péchés. I, 102.
Parendi. II, 41, 42, 86, 86.
Parôdar. I, 246, 247, 286.
Parôdarma (fravashi de). III, 38.
Parses modernes. I, 22.
— (traditions historiques). I, 18.
— (du Guzerate). II, 7.
Parshatgâo (fravashi de). III, 33.
Parshatgava (fravashi de). III, 37.
Parshanta (fravashi de). III, 38.
Pashiskyaotkna (fravashi de). III, 34.

Patet. I, 102, 106, 107.
Payanhrô (fravashi de). III, 36.
Pazatas. I, 20.
Pazina (fravashi de). III, 37.
Pedom. — Cf. Paitidâna.
Pehlevi. I, 21, 25, 292.
Pénitences et purifications. I, 61.
Perethwarsti (fravashi de). III, 34.
Perse ancienne (religion de la). I, 11.
Perses (leur religion avant Zoroastre). I, 37, 39.
Peshdâdiens. III, 2.
Peshôtanus. I, 101.
Peshotun P. I, 21, 22, 212, 224, 276.
Pharhan-i-Jihangiri. I, 18.
Phataghin. I, 205.
Pialeh. I, 221.
Picina. III, 86.
Pidha (fravashi de). III, 38.
Pishinô (Kavi) fravashi de. III, 39.
Pitaona. III, 80.
Pitris (les). III, 24.
Planètes. III, 114.
Points cardinaux. I, 111.
Polygamie. I, 67.
Ponruciçta. II, 158. (fravashi de). III, 41.
Pouru Dakshti (fravashi de). III, 36.
Pourudanha (fravashi de). III, 38.
Pourushaspa. I, 17, 257, 265. II, 75. III, 92.
Pourusti (fravashi de). III, 36.
Ponruta. II, 227.
Pourus-vafra Navaza. II, 207.
Prééminence de certains états. I, 103. 121.
Prêtres mazdéens. I, 51. Voyez Ministres.
Prières et hymnes. I, 58. — Conjuratoires. I.
Prières principales (les 3). II, 49. III, 49. (plume du hibou).
Profession de foi. II, 84.
Purification. V. I, 288 et s.

Q

Qadaena (fravashi de). III, 34.
Qadhâta. I, 91, 259.
Qairizaô. II, 228.

Qakhshathra (fravashi de). III, 37.
Qaniratha (Kashvar). I , 267. II, 234.
etc. V. Arezahi.
Qanvâo (fravashi de). III, 37.
Qyaonya. II, 225. III, 70,88.

R

Raçpi. —Cf Rathwi.
Raethwis. II, 221.
Raethwiskare. I. 51.
Raevao gairis (montagne). III, 76.
Ragha. I. 86, 86 II, 95. (ses chefs).
Ram. — Cf. Râma-Qaçtra.
Râma Qaçtra. I, 103. II, 35, 62, 89,
177. III, 93, 117.
— (Yesht de). III. 55.
Ranha. I, 87,87,88, 268. II, 207. III,
48, 92.
Raocaçcaeshman (fravashi de). III, 37.
38.
Raoidhita (montagne). III, 76.
Raopis. I, 208.
Rapitwin. — Cf. Rapithwina.
Rapithwina.II, 62, 62, 65.
— (qah). III, 118.
— (afrigan). III, 115.
Rashnu. I, 45, 54, 124, 124, 207. II,
41, 52, 62, 175, 196, 236. III, 15,
30, 51. (accompagne Mithra et lui
fait un palais. II. 231, 235, 243.
— Yesht de). III, 11, 14.
— (fravashi de). III, 30.
Rask.
Rathwi. I, 51.II, 12.
Ratus. I, 148, 215, 244. II, 91, 93.
(chef religieux). 39 et s.
Réforme mazdéennc. II, 61.
— liturgique. II, 9.
Résurrection. II, 99, 109. III, 89, 90.
(lutte finale des esprits).
Rhode. I, 77, 111.
Rig Veda. I, 31, 33, 37, 55.
Rivâiets. I, 26, 61, 71 et pas.
Roth. I, 31. II, 147, 158.

S

Sabéisme. I, 36.
Sacas. I, 21.

Sacrifices. I, 60. II, 13.
— sanglants. I, 36.
— des héros antiques (100 che-
vaux,1000 bœufs, 10000 moutons)1°
à Ashi Vanuhi et à Ardwi-Çura par
Hoaushyanha, Yima, Azhi Dahâka,
Thraotaêna Kereçaçpa, Franraçê, Ka-
vas Uç et Huçravo, Tuça, les Aurva-
Hunas, Vafra navâza, Jamâçpa, les
Akhuvazdao vistaurus, Yaçta Iryâna,
Kava Viçtaçpa, Zairivairi et Arejat-
Açpa. II, 202, 212. III, 68, 70. —
2° à Druàçpa par Haoshyanha, Yima,
Thraetaona, Haoma, Huçrava, Vistâç-
pa ; 3° à Vayu, par Haoshyanha,
takhma-urupa, Yima , Azhi Dahâka.
Thraêtaona. Kereçâçpa, Aurva-Çara,
Hutaoça, les jeunes filles. III, 56,
58.
Sadder. 1, 27, 126 et passim.
Sadder Boundebesh. I, 65, etc.
Sassassanides. I, 20, 22, 25 et pas.
Secret. II, 200. III, 50.
Shahnâmeh. I, 82 et pas.
Sirozah. III, 123, 123.
Siyâmek. III, 2.
Sodomie. I, 85, 169. II, 154.
Sogdiane. I, 24, 49.
Soleil.— (Cf. Khorshed).1,262,277, II,
64, 89, 100, 179, 232, 241. III,14,
30.
Soma. I, 55. II, 14.
Sort final des bons et des méchants. I,
45. II, 109. III, 177. passim. 145,
186. (Yesht XXII). 262.
Souillures et purifications. V. I, 287.
Stuta-Yaçna. II, 34.
Sugdha. I, 83, 83.
Spiegel. I, 3 et passim.

T

Taera (montagne). III, 76.
Tahmuraf. Cf. Takhma-urupa.
Takhma-urupa. III, 2, 3,56, 78. (monte
Anro mainyus. 92.
Tali. II, 14.
Tamandra. I, 204.
Tashta. II, 14.
Tasta no sourak. II, 14.

Taureau Sacré. I, 275, 275 et suiv.
Tauru. I, 42, 264.
Tchakul persan. I, 97.
Temples. II, 10.
Terre et genas. II, 125.
Textes grecs relatifs aux croyances mazdéennes. I 13, 17, 20, 28 et s., 30, 36, 47, 56 et s.
Thraetaona. I, 35, 57, 82, 87. III, 3, 41, 49, 80. (recueille la majesté). 92.
— (fravashi). III, 4, 39.
Thrishâmrutâ. I, 188.
Thristi (fravashi de). III, 41.
Thrita. I, 57, 269, 271. III, 4, 5.
— (fravashi de). III, 36,38.
Thugs. I, 82.
Tir. —Cf. Tistrya.
Tironakathwa (fravashi de). III, 38.
Tistrya. I, 30, 54, 55, 266, 274. II, 64, 216.
— chef des astres, combat les Pairikas. II, 22.
— (Yesht de). II, 215.
Tizhyarsti (fravashi de). III, 76.
Traditions parses (leur valeur). III, 7.
Triple formule morale, bien penser, etc. II, 25, 68, 84, 142, 180, 186. III, 62, 63, 129.
Tuça II, 205.
Thudacka (montagne). III, 76.
Trente-trois génies (les). II, 63. III, 96.
Tûra. I, 212. II, 142, 208. III, 4, 22, 36, 37, 70, 84.
Tushanâmaiti (fravashi de). III, 41.

U

Urvâkhsa. III, 92.
Uçadhan (Kavi). III, 86. (fravashi de). 37, 39.
Uçikhs. II, 116.
Uçinemo (fravashi de). III, 36.
Uçmânara (fravashi de). 33,37.
Uçnâka (fravashi de). 37.
Udra upâpa. I, 208, 215, 219.
Udrya (montagne). III, 76.
Ukhshan (fravashi de). III, 37.
Ukhshyatereta (fravashi de). III, 38.
Ukhshyatnemô (fravashi de). III, 38.

Ukhshyienti (fravashi de). III, 41.
Ulema-i- Islam. I, 97, etc.
Urine (Gómez). I, 138, 149, 169, etc., 236.
— humaine servant aux purifications I, 165, 166.
Urisdha (fravashi de). III, 36.
Urva. I, 85. 85.
Urvatat-nara. I, 19, 99.
— (fravashi de). III, 33,38.
Urvazista (fravashi de). III, 30.
Usahin.— Cf. Ushahina.
Ushahina. II, 62, 62. III, 121.
— (Gah). III, 121.
Ushanh. I, 56.
Ushi Darena. II, 64, 64, 75, 76.
Ushi dhâo (montagne). III, 76,85.
Ushômâo (montagne). III, 76.
Ustaqarenâo (montagne). III, 76.
Ustavaiti (Gâthâ). I, 288. II, 35, 130. III,114. Prières après le. II, 53.
— (fravashi de). III, 41.
Ustâzanta (fravashi de). III, 36.
Ustra (fravashi de) III, 36.
Utayuti (fravashi de). III, 38.
Uzara. III, 4.
Uzara. III, 4. (fravashi de). III,39.
Uzayeirina. II, 62, 62.
— (gah de). III, 119,
Uziren. —Cf. Uzayeirina.
Uzya (fravashi de). III, 37.

V

Vache (mérite de celui qui soigne la). II, 121,124.
Vâçi pancaçadvara. II, 123.
Vaçno Parvata (montagne). III, 76.
Vadaghna. I, 257, 257.
Vaekereta. I, 85, 85.
Vafra (montagne) III, 76.
Vafra navâza. III, 4, 69, 92.
Vafrayâs (montagne). III,76.
Vah. II, 240.
Vahistoistis (gâtha). II, 1, 288,35,158, III, 114 Prière après le II, 56.
Vahmâdâtha (fravashi de). III, 36.
Vâitigaeça (montagne). III, 76.
Vâkhedhraka (montagne). III, 16.

Vanànt. II, 216. III, 91.
Vanâra (fravashi de). III, 34.
Vanhapara. I, 204
Vanhu arshya (fravashi de). III, 35.
Vanhu dhâta (fravashi de). III, 37.
Vara. I, 96.
Varâho (fravashi de). III, 33.
Varâghna. III, 79, 80.
Vareçmapa (fravashi de). III, 36.
Vareçmoraoca (fravashi de). III,33,38.
Varedatqareno (fravashi de). 111,38.
Varedhaka (région). II, 225.
Varenu.I, 87. II,57, 224. Les Varenas.
    II, 203.
Varénien. Déva,méchanceté varénienne.
    II, 194. III, 28. Méchants, V. III.
    56.
Vareshna (fravashi de). II, 102. III,
    34, 36.
Varshva. III, 80.
Varùn. II, 102.
Vashâçpa (fravashi de). III, 34.
Varzni-Vàgereza (fravashi de). III, 36.
Vayu. I, 54. III, 55 (le bon vent). III,
    55, 61, 133.
Vazista. I, 267, 267.
Vendidad. I, 23, 24, 31, 32.
Vendidad sade. I, 25, 26. II, 17.
Verethra. I, 38.
Verethraghna. I, 38, 43, 54,56,57,266.
    II. 25, 35.
    —   marche devant Mithra
        sous forme de sanglier.
        II, 234.
    —   (Yesht de). III, 45.
Verkanà. I, 85, 85.
Veshaka. II, 206.
Vibâzu. I, 151.
Vidaêvodâta. I, 73.
Viç. I, 49, 50.
Viçadha (fravashi de). III, 35.
Viçpataurvasi (fravashi de). III, 37.
Viçpo taurvô açti (guerrier). II,225.
Viçrûta (fravashi de). III, 37.
Viçrutara (fravashi de). III, 37.
Viçtâçpa (Kavi). I, 17. II, 101, 104,
        142,155,158,211.III,
        6, 88, 34.
    —   (fravashi de), III, 33.
    —   (Yesht de). III, 95.

Viçtavara (fravashi de). III, 34.
Victoire.
Viçya. III, 62, 62, 65, 117,
Vidatgava (fravashi de). III, 38.
Vidhvâna (montagne). III, 76.
Vie religieuse. I, 64.
Vîrâçpa (fravashi de). III, 35.
Virazesha. I, 45.
Vispered. I, 23, 24, 31. II, 6.
Vitaçti. I, 151, 239.
Vitanuhaiti. II, 208.
Vivaçvat. —Cf. Vivâonhat.
Vivanhana. III, 2.
Vivanhat. I, 89.
Vivâreshvao (fravashi de). III, 37.
Vizareshô. I, 263.
Vizhyarsti (fravashi de).III, 34.
Vohuaçti (fravashi de). III, 33.
Vohuazdâô (fravashi de). III, 36.
Vohu dàta (fravashi de). III, 38.
Vohu Khshathrem (gàtha). II, 153,
    prière après le II,54.Voy.vahistôisti.
Vohumanô. I, 40, 261, 263. II, 44.etc.
    —   (fravashi de). III, 34, 36.
Vohumanô (l'homme). I, 261.
Vohupereça (fravashi de). III, 38.
Vohuraoco (fravashi de). III, 33.36.
Vouruçavô (fravashi de). III, 38.
Vourukasha. I, 54, 130, 268. II, 212,
    174, 219. III, 13, 27, 84, 85.
Vouru nêmô (fravashi de). III, 76.
Vourushas (montagne). III, 76.
Vyareca (fravashi de). III, 34.
Vyarshvâo (fravashi de). III, 35.

W

Westergaardt. I, 22, 26.

Y

Yaçna. I, 23, 24, 30, 31. II, 6.
Yaetusgào (fravashi de). III, 37.
Yahmya (montagne). III, 76.
Yajnavalkya. I, 98, 104, 123, 126.
Yama. — Cf. Yima.
Yànîm. II, 103.
Yâtudhâna. I, 82.
Yâtus. I, 43, 81, 86, 86, 272, 272,251,
    251. II, 71, etc.

Yàva. I, 200.
Yàvanas (les). I, 21.
Yaxartes. I, 49, 78. 87.
Yazatas. I, 23, 40, 41, 42, 45, 53, 54, 55, 68, 89, 266.
— qui protègent les méchants. II, 238.
Yênhê hâtâm. II, 88, 96.
Yeshts (les). I, 23. II, 191. — Age. II. 195, 199, 203, 226.
Yzeds. — Cf. Yàzatas.
Yezd. I, 22.
Yima. I, 57, 58, 89 et suiv. 93, 94, — — 99, 115, 267, 269. III, 2, 3, 79, 80. (règne et triple chute). — (fravashi de). III, 4, 39.
Yoista (fravashi de). III, 37.
Yujesti. I, 208.
Yukhtàçpa (fravashi de). III, 36.
Yukhtavairi (fravashi de). III, 34.
Yûsta (fravashi de). III, 37.

Z

Zachau. I, 21, 26, 91.
Zaçta. II, 14.
Zaini. I, 222.
Zairica. I, 42, 204.
Zairici (fravashi de). III, 41.
Zairika. I, 193.
Zairimyàka. I, 206, 208.
Zairimyanura. I, 206, 206.
Zairivairi II, 212. (fravashi de). III, 34.

Zamyad-Yesht. III, 75.
Zand. I, 26.
Zand. I, 251. II, 271.
Zantu. I, 49, 50.
Zântuma. II, 62. III, 118.
Zaota. I, 49, 51, 61. II, 12.
Zaothra. II, 13, 36, 43, 65.
Zaozik. I, 205.
Zarathusthra. — Cf. Zoroastre. (chef suprême de Ragha. II, 95.
Zarathustrotema. I, 51. II, 63. III. 120.
Zarayanhât (fravashi de). III. 36.
Zarazdati (fravashi de). III, 36.
Zareh. I, 47.
Zartusht. — Cf. Zoroastre.
Zav. — Cf Uzava.
Zbaurvas (fravashi de). III, 35.
Zemaka. I, 43.
Zemovareta. I, 183.
Zend Avesta. I, 11, II, 26.
Zeredhô (montagne) III, 75.
Zoroastre (son nom, étym.). I, 13. (origine) 15. (époque). 13, 15. (sa vie). 17, 19. (sa réforme). 39, 40. (légendes sur). 18, 19. (chants attribués). II, 148. (tentation de). I, 32, 254. annonce de sa venue comme prophète. II, 107, 139, sa naissance. III. 32, 68, entretien avec Ahura-M. I, XXII, 53. II, 131, sa mission, III, 31.
Zoroastrisme, I, 34, 35, 39, 44, 46, 69.
Zour. — Cf. Zaothra.
Zuzak. I, 204.

2ᵐᵉ PARTIE.

Zend.

Aidyu. II, 126, III, 3, 135.
Aiwi. I, 246.
Aiwistâra. I, 88.
Aiwizus. I, 153.
Airima. I, 185, 220, III, 28.
Airyaman. II, 27, 112.
Aenanh. I, 252.
Aevahê. I, 213.
Aezô. III, 88.
Aoifra. III, 34.
Aojyâo. II, 104.
Aoderes. II, 154.
Aonhâma. II, 48.
Akarana. I, 347,
Akbta. III, 73.
Akhshayamnô. III, 90.
A qar. III, 75.
Ajaçta. III, 191.
Atharvan. II, 129.
Adaçta. III, 101.
Aderetô. I, 237.
Adhrishya. III, 99.
Anaiwijâçta. I, 251.
Anathakhta. I, 228.
Anafshma. I, 207.
Anabdatâ. III, 97.
Anamarezhdika. III, 40.
Anazava. III, 141.
Anuha. I, 247.
Anuhareçaçtem. I, 122.
Angamo. III, 66.
Angra. II, 135.
Antare. III, 43, 7?.
Anro. II, 135.
Anhvi. II, 99.
Apaqaetheus. III, 102.
Apayanta. III, 91.
Apara. III, 87.
Apasha. III, 51.
Apâiti. I, 123.
Apâshavanm. III, 80.
Apê. II, 93.
Apereçat. II, 131.
Afrakataclm. III, 80.
Afçman. I, 253.
Afshê. I, 207.
Abda. III, 77.

Amuyamna. II, 44, III, 10.
Ameshao-avânn. II, 220.
Ayaonem. III, 48.
Ayanhaenem. I, 184.
Ayayata. III, 111.
Araidhyata. III, 95.
Arâonti. I, 227.
Aredus. I, 118.
Arezoshaman. III, 21.
Arois. II, 118.
Avaoirista. II, 118.
Avaçpayama. III, 102.
Açana. III, 68.
Açabana II, 208.
Açengô. III, 81.
Açtô. III, 62.
Açtvaeta. I, 89.
Açperenô. I, 122.
Açura. II, 207.
Asha. I, 282.
Ashaovo. III, 51.
Ashahyâ. II, 160.
Asar. III, 21.
Asgato. III, 35.
Asta. III, 81.
Aspereno. I, 138.
Azaremya. III, 129.
Azînavant. III, 56.
Ahishahya. II, 106.
Aini va. III, 59.
Akâçteng. II, 150.
Akhsta. II, 41.
Akhsti. II, 41.
Agerepta. I, 117.
Atâr. I, 250.
Athravaçtema. II, 193.
Ayaz. III, 96.
Arâonh. III, 30.
Azaintis. I, 26.

Ithiejô marsh. I, 255.
Inja. III, 82.
Içacta. I, 177.
Ish. III, 60.
Ishaiti. II, 185.
Istô. II, 51.
Izu. I, 212.

Izyeiti. III, 83.

Ughra. I. 109.
Uṇâ. I, 239.
Upairi. II, 213.
Upathwarsta. I, 224.
Upamaitim. I, 258.
Upamâna. II, 36.
Uparokairya. III, 130.
Upaçta. III, 18, 65
Upaçruyê. III, 20.
Upaçri. III, 68.
Upâz. I, 102.
Urutâta. III, 103.
Uruthvàn. III, 17.
Urupis. I, 134.
Urvatha. II, 151.
Urvaithya. III. 118.
Urvatjî. III, 17.
Urvâno. II, 149.
Urvâç. III, 68.
Uçehista. I, 277, II, 26.
Ushidarena. III, 75.
Usta. III. 111.
Uz. II, 52.
Uzdâtem. III, 12.
Uzpaêça. III, 38.
Uzyam. III, 66.
Uzraoc. III, 83.
Uzvath. III, 71.

Eretô. III, 119.

Kata. III, 36.
Kançtrem. I, 223.
Karana. I, 108.
Karet. II, 16.
Karedharisa. III, 59.
Karsh. III, 87.
Karsti. III, 98.
Kaç. II, 150.
Kahrkâças. I, 106.
Kahrpunâm. I, 220.
Kereçô. III, 9.
Kimarn, II, 188.
Khshi. I, 282.

Qaetus. II, 27.
Qadhâta. I, 90, 91, 196, 259, 268.
Qâpara. III, 127.

Qiç. I, 109.

Khâm. I, 277.
Khumbya. III, 140.
Khrunerâm. II, 160.
Khruzdista. III, 29.
Khshathrôkarta. III, 78.
Khshtâvi. III, 22.
Khshoithi. II 66.

Gaedhus. III, 46.
Gaeçus. III, 26.
Gaonem. I, 284.
Gaoyoiti. III, 30.
Gaoçûra. III, 65.
Gato III, 81.
Garebus. I, 187.
Gâus jîvya. I, 61.
Gâus hudhâo. II, 42.
Geredhô. I, 150, III, 60.
Gerefshânô. III, 83.
Gerez. II, 152.
Geça. II, 74.
Gômeza. I, 63.

Cakana. II, 186.
Caràitika. I, 138.
Cazdônhvant. II, 134.
Cikithwâo I, 253.
Cithra II, 52.
Cinma. III, 82.

Jan. I, 272.
Jannairya. III, 98.
Janfou. I. 96.
Jâmyat,. II, 123.
Javaiti. I, 245.
Jazhus I. 133.
Jâmi. II, 209.
Jit. I, 127.
Jenarâm. II, 160.
Jôis. III, 100.

Taurunus. I, 133.
Taêca. I, 233.
Taozhyâ. I, 88.
Tarô. I, 228.
Tashâ. II. 126.
Tinja. III. 82.
Titarantem. III, 111.

Tuç. I, 109.
Tush. I, 239.
Tusnishad. II, 133.
Tkaeshô. I, 257, II, 85.
Thanvara. I, 222.
Thanj. III, 24.
Thamana. III, 77.
Thraota. I. 252.
Thrakhta. III, 53.
Th·âyavan III. 51.
Thrishu III, 12.
Thwaesho. III, 9.
Thwarsta. II, 217.

Daidoist. II. 155.
Daidhika. III. 29.
Dakhstem. I, 221, 228.
Dagha. II, 219.
Dato. III, 97.
Dathâna II, 162.
Danto. III, 59.
Danro. III, 59.
Damam. II, 143.
Dâmois-upamana. II, 36.
Dar. III, 79.
Dares. II, 106.
Darsta. II, 132.
Daçatha. III, 20.
Dahmo. II, 36.
Dâ. III, 72.
Dânu. II, 203.
Dim. I, 239.
Duzhaka. I, 85.
Duzhita. III, 19.
Dûraos. II. 210.
Demâna. II, 143.
Draonanh. I, 212.
Drafsa. II, 80.
Drual. I, 183.
Dregwodebyo. II, 160.
Dhvaozh. III, 50.

Naidhyauh. III, 18.
Nairûn. II, 41.
Naezhem. III, 48.
Naca. I, 208.
Naç. II, 155.
Nasemna. III, 26.,
Naska. I, 22.
Nârishnê. III, 113.

Nighnê. II, 166.
Nivaçteko. III, 47.
Nizâm. III, 71.
Nivaedhayêmi. II, 33.
Nivanda. III, 53.
Nivac. III, 201.
Nemanh. I, 113.
Nematâ. I, 163.
Nemo. II, 56.
Nêmê. II, 107.
Nmânaya. III, 121.
Nyâi dauru. III, 81.

Paiti cithrem. I, 233.
Paitimâ. I, 258.
Paiti stâna. I, 105.
Paityaerem. I, 236, 238.
Pairyo tkaesha. III, 18, 31.
Pâesis. III, 89.
Paourum. I, 172.
Pakhruçta. I, 278.
Path. II, 165.
Pathaniya. III, 80.
Pathruma. I, 96.
Pancohya. III, 16.
Par. III, 80.
Pare. III, 59.
Pareq. III, 81.
Paret. III, 67.
Parentarem. III, 75.
Parsta. III, 18.
Parstaç. III, 28.
Pistra. I, 109.
Perethu. III, 16.
Pereska. I, 223.
Peshotanu. I, 101.
Pourûs. II, 120.

Frauvriç. III, 20.
Fra ûdha. II, 213.
Fraoret. II, 50.
Frakava. III, 20.
Frakhshan. III, 82.
Frakhshni. III, 32.
Fraguza. III, 70.
Fracare. III, 59.
Frajacât. I, 229.
Fratha. I, 189.
Frathwareçâmi. II, 205.
Franhâray. III, 111.

Framen. III, 121.
Framereiti. II, 54.
Fràvàiti vidushi. II, 55.
Fravadhema. II, 213.
Fravaz. III, 19.
Fraçcimbana. I, 247.
Frasha. I, 88, II, 99.
Frasho keretis. II, 26.
Fràtare nikhmem. III, 102.
Fràpath. III, 82.
Frenà. I, 138.
Fçeratus II, 153.
Fsha. I, 123.

Band. I, 128.
Bareshnu. III, 118.
Barezista. I, 107.
Bareznazo. III, 22,
Baro. III, 81.
Bashi. III, 61.
Bàmi. I, 267.
Bàmya. I, 88.
Bifrem. I, 213.
Bis. III, 13.
Bendwo. II, 148.
Bavàni II, 203.
Berekhdho. I, 88.
Bereziràz. I, 177.

Maitis. III, 65.
Mainyava. I, 89.
Maga. II, 159.
Magha. I, 220.
Madha. III, 64.
Man. I, 85.
Manahim. II, 160.
Manothri. I, 211.
Maya. III, 87.
Marez. III, 78.
Maçtis. II, 76.
Mazu. I, 202.
Mazdayaçna, I, 63.
Mà. II, 145.
Màonho. III, 131.
Mànayèiti. II, 148.
Mith paiti. I, 107.
Menhi. II, 132.
Merezu jtti. I, 262.
Mruyè. II, 94.

Yaokhsti. III, 79.
Yaonem. I, 214, 276, III, 20.
Yaozhdào. II, 147.
Yatha. II, 225.
Yathanà. III, 27.
Yas thvà. III, 40.
Yahi. III, 8,98.
Yàmaya. III, 116.
Yàmo. I, 176.
Yàvo. I, 176.
Yèhyà. II, 155.

Raithwayèiti. III, 30.
Raèka. III, 64.
Rao. III, 66.
Ratu. III, 111.
Rathaestha. I, 222.
Ranayào. II, 112.
Ranoibyo. II, 110, III, 139.
Ranh. II, 117.
Ràma. III, 22.
Rava. I, 80.
Ravaz. I, 244.
Ravohu. II, 197.
Razura. I, 207, II, 205.
Ràresh. II, 113.
Ràreshy. III, 9.
Ràsh. II, 115.
Ràz. III, 82.
Ràç. II, 156.
Renjo. III, 29.
Rèvi. III, 29.

Vairya. III, 132.
Vaegayo. I, 284.
Vaedhim. III, 89.
Vaesho. II, 160.
Vaocè. II, 94.
Vaorazatha. II, 151.
Vnozirem. III, 86.
Vadhay. III, 61.
Vanò. II, 104.
Vantàonho. III, 66.
Vandar. III, 77.
Vandru. III, 88.
Vayanh. II, 161.
Varathredem. II, 187.
Varanh. III, 12.
Varàghna. III, 47.
Varecào. III, 84.

Varenâ. II, 85.
Varenya. II, 212, III, 56.
Varozhintem. II, 187.
Vartha. II, 152.
Vaçoyaona. III, 21.
Vaçtrâo. I, 188.
Vaçnâ. III, 77.
Vaz. II, 86.
Vazdunh. II, 149.
Vazôvanthwya. III, 9.
Vâc. III, 112.
Vârenti. I, 164.
Vigâtâvas. III, 47.
Vicicaeshva. I, 146.
Vijvâhu. III, 130.
Vithusha. I, 84.
Vidaeva dâta. I, 73.
Vidhbuyê. III, 61.
Vind. I, 159.
Viçaçtare. III, 76.
Viçto. II, 120.
Vis cit. I, 271.
Vitara. I, 224.
Vîdâtâ. III, 17.
Vînaz. I, 159.
Vîç. II, 39.
Vis. III, 15.
Vizafânô. III, 80.
Vîzus. I, 133.
Verez. I, 271.
Verezat manô. I, 247.
Verezaiti anuha. Id.
Verezâna. II, 27.
Verezeno. II, 112.
Verezyêitâ. II, 228.
Vourugaoyaoiti. III, 17.
Voyôtara. I, 207.
Vohugaona. III, 51.
Vohu (jimat mananhâ). II, 250.
Vyakhnô. III, 17.
Vyakhma. II, 164.
Vyac. II, 164.
Vyambûrô. III, 52.
Vyaretha. I, 239.
Vyaretho. III, 40.
Vyâ. III, 17.

Çaena. III,'50.
Çaoka. I, 266.
Çatâgha. III, 24.

Çatôkara. III, 71.
Çad. III, 91.
Çanuhat. III, 78.
Çanha. II, 41.
Çà. III, 40.
Çanh. II, 156.
Çànis II, 120.
Çàmas. I, 136.
Çin. III, 46.
Çimâo. II, 243.
Çima. III, 35.
Çizh. I, 205.
Çizhdyô. III, 88.
Çiçrà. III, 104.
Çukurunô. I, 133.
Çûirya. III, 47.
Çûrem. I, 84.
Çkaiti. I, 83.
Çtaota. II, 162.
Çtavô. III, 71.
Çtâh. III, 108.
Çtidhâta. I, 91.
Çpakanâm. I, 220.
Çpanvaiti. II, 184.
Çpitamâonho. II, 142.
Çpityura. III, 82.
Çpenta. II, 55.
Çmarsnô. III, 46.
Çraotanu. III, 22.
Çrîra. I, 88.
Çrîra Kereta. I, 263.

Shaeta. III, 72.
Shatha. I, 8.
Shinc. III, 52.
Sadru. II, 115.
Sôidhis. II, 167.

Zaeni. II, 134.
Zizaozuyê. III, 111.
Zaoya. III, 42.
Zaoruro. I, 106.
Zakhshathrem. III, 82.
Zatô. I, 213.
Zan. I, 26, 61.
Zanda. I, 251.
Zaya. III, 45.
Zarazdâiti. II, 50.
Zaremaya. I, 244.
Zarshyamnô. III, 47.

Zu. III, 19.
Zbar. III, 60.
Zrû âyu. II, 217.

Hâiti. II, 6.
Hâitya vereza. III, 119.
Haezanuha. I, 277.
Hakhadanh. I, 247.
Haca. III, 27.
Hathràm. III, 132.
Hadhànaepata. I, 61.
Hanaire. III, 100.
Hamraethwayêiti. I, 260.
Havant. III, 65.
Hàm. I, 182.
Haçcitvà. III, 47.
Hàmô. I, 120.
Hàmzaena. II, 195.
Hârô. II, 111.
Havani. II, 167.
Hereta. II, 243.
Hikhshatha. III, 103.
Hitaçpa. III, 56.
Hî. I, 278.
Histonta. III, 100.
Hu. I, 61.
Hudhào. II, 250.
Hunusta. II, 154.
Hamayon. II, 249.
Humna. III, 132.
Huvanhu. I, 244.
Hûpabusta. III, 65.
Hûthwaresta. II, 93.
Hôma. I, 61.
Hvat. I, 155.

Pehlevi.

Aish. I, 233.
Aê. I, 277.
Akankhtanu. I, 237.
Akàrik. II, 160.
Akhar. I, 172.
Akhlzad. I, 109.
Apartum I, 235.
Afrln. I, 153, 186.
Afzartar. I, 84.
Afzàr. I, 84.
Angartik. I, 120.
Arak. I, 97, 220.

Araft. I, 233.
Aràsànd. I, 239.
Avizagàn Vardashni. I, 276.
Avô. I, 288.
Açrûk. II, 38.
Azdruntano II, 34.
Azîrit. I, 252.
Ahwarih. I, 265.

I-astàtak. II, 38.

Urvajeshn. III, 68.

Katak. I, 165.
Katrunashn I. 198.
Kandar-Sardàr. I. 97.
Kabad. I. 282.
Kust. I, 144.
Kabd. I, 80.
Karituntanô. I. 258.
Karabà zûbàn. I. 215.
Kàmakhômand, III, 77.
Kinn. I, 118.
Kin. I, 144.
Krak. I, 84.
Khoêsh Kàrih. II, 41.
Khaduk bar. I, 105.
Khêfrunt. I, 223.
Khruspar. I, 240.

Gabrà. I, 22.
Gomez. I, 220.
Guft. I, 283.
Gospendhûmand. I, 103.

Chash. I, 243.
Chi Kamca. I, 86.

Jàm. I, 176.
Javld. I, 153.
Jinàk. I, 146.

Tatak. I, 250.
Takarg. I, 144.
Tir. I, 240.
Tir hwa dahat. I, 122.
Tûnakih. II, 107.
Tôrà. I, 223.

Zavainti. II, 82.

Dakbônutanô. I, 230.
Damak. I, 164.
Dart. I, 97.
Dadrûntanô. I, 115.
Dush Stâmak. II, 140.
Drust. I, 282.
Dezîn. I, 146.
Dôstu. I, 123.
Drujask. I, 268.
Drust. I, 282, II, 39.

Namâz. I, 115.
Nacinit. II, 146.
Nadûkîh. I, 188.
Nasâih. II, 166.
Nikûn. II, 144, 182.
Niyâishnih. II, 56.
Nosk. II, 150.
Nyâyish. III. 105.

Patmân. I, 258.
Padash. I, 223.
Padîrak nacinit. II, 146.
Panj patashn. I, 103.
Parjânkih. I, 39.
Pavan. I, 146, II, 54.
Pâdîrân. I, 252.
Pâhrêj. I, 270.
Prastak. I, 187.
Prastidanô. I, 187.
Pêsh. I, 233.

Farâkhû. II, 42.

Barishn. I, 243.
Bâmîk. I, 88, 263, 265.
Bâhrâm. II, 35.
Buland. I, 207.
Burzidano. I, 156.
Bêl. I, 223.
Bojashna. I, 158.

Makdurantano. I, 283.
Makdunatano. I, 267.
Magad. I, 86.
Maitunatano. I, 287.
Manyû. I, 258.
Mayâ. I, 258.
Mas. I, 86.
Mâdyân. I, 229.

Mim mannstu. I, 259.
Mim stu. I, 259.
Min nâi. I, 105.
Mînishnih. I, 107.
Mîrak. I, 108.
Mût. I, 140.
Mûdak. I, 196.
Mâi roèshman. III, 26.
Mdm yemamunêd. I, 123.

Yansuminid. II, 147.

Rakitâ. I, 97.
Raft. I, 233.
Razûr. I, 207.
Rik. I, 215.
Riftak. I, 214.
Rôtik. I, 81.
Rôd. I, 175.
Rôdhîk. I, 81.

Vajârtanô. I, 263.
Vanâs. I, 251.
Vazînîsdâr. I, 223.
Vâgânatan. I, 213.

Lâmâ. I, 225.
Lâlâ. I, 277.

Çtâi. III, 108.

Shatan. I, 80.
Shapîk. I, 252.
Sakhu. I, 173.
Sagîn. I, 146.
Saj. I, 243.
Sart. II. 34.
Savu. I, 173.
Souak. I, 140.
Stahambak. II, 140.

Zahek. I, 141.
Zâk. II, 111.
Zinitano. I, 229.
Zinn. I, 222.
Zênân I, 212.
Zyat. I, 121.
Zôfar. I, 88.

Harmônatanô. I, 143.

24   INDICES

Hămak hvarib. I, 265.
Hăm bămihă. I, 265.
Huid. I, 152.

Pâzend.

Avar. I, 85.

Ermaneshn. I, 85.

Khushi. I, 277.

Cêshmant. I, 263.

Tar. I, 209.

Pas. I, 80.

Yad besh. I, 280.

Hurvakhm. I, 247.

Néo-persan.

Aidyav. III, 43.
Ahô. II, 106.

Bârik. I, 205.
Bălish. I, 132.
Bâm. I, 263.
Barzăn. III, 22.
Barzan. III, 22.
Barln. I, 93.
Burz. I, 156.
Bêkhtan. I, 83.
Bôd. I, 284.
Bôc. I, 263.

Pâs bân. I, 210.
Pazdag. I, 220.
Pik. I, 184.
Pôdăh. I, 282.
Pîrăyêsh. II, 185.

Tăvch'paz. I, 176.
Tăvăn. II, 106.
Tuluq. I, 446, 150.
Tujedan. I, 239.
Tôkhtan. I, 339.
Tôsh. I, 105.

Tûni. 151.

Jarb. I, 187.
Jihân. I, 92.

Căh. I, 113.
Cădar. I, 146.
Cakar. I, 176.

Hăr. II, 112.
Hârastan. I, 177.
Harmedan. I, 143.
Hustar. I, 94.

Khavâd. I, 152.
Kheji dan. I, 109.
Khastar. I, 109.

Rûân. II, 207.
Rûî. II, 207.

Zâq. II, 111.

Satar. I.
Sardâb. I, 97.
Saq. I, 173.
Saqu. II, 244.
Sakar phêdan. I, 268.
Skanl. I, 137.
Simah. II, 243.
Suj. I, 173.
Shap. I, 252.
Shinjidan. III, 52.

Farukh. II, 42.
Firistab. I, 261.

Qanj. III, 53.

Kabast. I, 196.
Kulah. I, 220.
Kurak. II, 219.
Kusht. I, 144.
Kaq. I, 278.
Kam. I, 122.
Kweri. III, 57.
Kln. I, 252.

Gâzar. I, 252.
Gabast. I, 196.

Gadah. I, 276.
Gazar. I, 176.
Gasl. I, 146.
Custardan. I, 105.
Guwarôn. I, 119.
Guharedan. I, 247.
Gôdah. I, 154.

Màdak. I, 229.
Mar. I, 243.
Marzu. I, 98.
Mazah. I, 215.

Mis. I, 247.
Mùzah. I. 196,
Mirah. I, 108.
Mamâz. II, 56.

Nàva. II, 201.
Nàvidan. II, 204.
Nàyak. II, 146.
Nigùn. I, 144, 182.

Vashkardah. I, 252

3me PARTIE.

Passages expliqués.

Vendidad.

Tome I, p. 82 et suivantes.

Fargard I. 1. 2. 7. 10. 12. 16. 22. 28. 30. 40. 56. 58. 62. 75. 77. 81.

Fargard II. 1. 8. 12. 18. 20. 31. 35. 47. 53. 69. 80. 85. 92. 96. 132, 133.

Fargard III. 2. 4. 20. 37. 47. 54. 63 65. 67. 78. 82. 86. 95. 102-104. 105. 108. 110. 112. 121. 138. 150.

Fargard. IV. 12. 13. 15. 24-35. 37. 57. 87. 107. 113. 115. 123. 124. 128. 130. 134. 135. 138-142. 149. 155.

Fargard V. 2. 6. 7. 14. 27. 28. 33. 42. 44. 49. 58. 64-72. 74. 75. 77. 82. 85-97. 111. 114. 122. 140. 151. 152. 157. 166. 167. 170. 172.

Fargard VI. 1. 10. 12. 17. 42 54. 65. 71. 75. 80. 86. 87-91. 103. 105. 106.

Fargard VII. 3. 4. 25. 27. 30. 31. 34. 59. 60. 61. 65. 67. 69· 70. 74. 93. 94. 95. 99. 105. 106. 120. 121. 122. 130. 132. 136. 137. 140. 143-148. 175. 176. 180. 185. 190. 192. 194. 196.

Fargard VIII. 2. 4. 5. 7. 9. 13. 14. 20. 24. 26. 43. 44. 45. 60. 66. 68. 101. 102. 108. 112. 115. 122. 132. 139. 160. 184. 201. 207. 219. 220. 228. 237. 240. 249. 251. 259. 262. 269. 272. 285. 286. 300. 306. 310.

Fargard IX. 3. 5. 13. 20. 21. 30. 32. 36. 37. 38. 40. 41. 119. 123. 125. 133. 136. 139. 146. 150. 152. 158. 164. 166. 169. 180. 190. 192. 196.

Fargard X. 12. 17. 22. 24. 26. 30. 32. 38.

Fargard XI. 3, 4. 8. 26-31. 32. 34.

Fargard XII. 1. 27. 63.

Fargard XIII. 2. 3. 4. 9. 15. 16. 22. 23. 24. 29 54. 55. 60. 62. 75. 78. 79. 82. 95. 104. 108. 110. 114. 115. 124. 126-132. 135. 137. 139. 141. 146. 156. 160. 161. 163. 166. 168. 174.

Fargard XIV. 2. 5. 7. 8. 9-15. 16. 18. 19. 20. 23. 26. 28. 80. 36. 37-40. 44-47. 48. 49. 50. 54. 56. 59. 60. 62. 63. 66. 70. 72.

Fargard XV. 3. 6. 8. 17. 26. 30. 33. 42. 44. 47. 54. 59. 60. 61. 70. 100. 117. 124. 125. 126 131 133. 135.

Fargard XVI. 6. 7. 8. 13. 16. 18. 23. 30. 37. 40. 41.

Fargard XVII. 2. 3. 5. 9. 24. 26. 28. 29.

Fargard XVIII. 1. 2. 5. 7. 9. 12. 13. 15. 16. 22. 24. 25. 28. 30. 33. 36. 40. 41, 49. 53. 58-60. 66. 67. 70. 92, 97. 110, 112. 115. 116. 123. 125. 129. 130. 134. 136. 138. 147.

Fargard XIX. 4. 5. 6. 7. 9. 11-15. 17. 19. 22. 28. 33. 34. 37. 40. 42. 43. 44. 50. 60. 63. 64. 66. 68. 69. 77. 79. 81. 86. 87. 89. 91. 95. 98. 101. 103. 108. 140. 146. 147. 123. 124. 126. 128. 129. 133. 135. 136. 138. 139. 140.

Fargard XX. 3. 5. 7. 10. 11. 12 13· 14. 17. 19. 21. 25· 26. 29.

Fargard XXI. 1. 2. 3 4. 8. 9. 15. 16. 18. 21. 22. 23. 28. 31. 32. 33. 35. 36.

Fargard XXII. 2. 3. 4. 5. 7. 8. 10. 12. 15. 18. 19, 22. 38. 52. 53. 56. 57.

Vispered.

Tome II, p. 33.

I. 1-11. 14*. 15. 16. 28-30. — II. 1. 10. 12. — III. 1. 18-20. 21. 22*. 23. —
V. 2. — VIII. 2-4. 10. 13. 15. — IX. 1*. — X. 3. 11. 18. 22. 28. — XI. 3. —
XII. 9. 15. 16. 35. — XIV. 3. 4. 7. 9. 11. 14. — XV. 1. 3. 6. — XVI. 6. 13.
— XVIII. 3. 14. — XIX. 3. 6. — XX. 1. — XXI. 1. 4. — XXII. 1. 5. 8. 11·
— XXIII. 7. 9. — XXIV. 11. 13. — XXVI. 1. 3.

Yaçna. page 61.

I. 1. 6. 8. 10. 18. 25. 33. 34. 40. — II. 57. 62*. — III. 61. 66. — VIII. 5.
7. 9. 15. 18. — IX. 2. 7. 32. 33. 37. 39*. 45. 63. 74*. 76. 82. 85. 93*. 95. 98.
— X. 3. 9. 12. 15*. 18. 26. 30. 38*. 39. 42. 44. 59. 62 — XI. 1. 3*. 7. 10. 11.
13. 16*. 18. 22. — XIII. 16. 17. 22. 28. — XIV. 3. 4. 7. 19. — XVI. 8. —
XVII. 62. — XIX. 2. 4. 6. 9. 10. 20. 24. 43. 52. 58. — XX. 2. — XXI. 3. 5.
— XXII. 27. 29. — XXIII. 5. — XXIV. 14. — XXVII. 2.

Y. XXVIII. 1. 5*. 7 8. 10*—XXIX. 1. 2. 2*. 3. 4*. 5. 6. 8. 10. 11.—XXX.
1. 2. 8*. 9. 10. — XXXI. 2. 3. 6. 9. 12. 16. 17. 19. 22. — XXXII. 1*. 6. 7. 8.
9. 11. 12. 12*. 13. 15. — XXXIII. 1. 4. 7. 8. 10*. 14. — XXXIV. 1. 2. 1. 7.
8. 10. 13. 15. — XXXVI. 3. 4*. 6. — XXXVII. 7. 13. — XXXVIII. 2. 5. 5*.
6. 14. — XXXIX. 1. 4. 6. 9. 10. — XLI. 3. 36. — Y. XLII. 1. 2. 7. 8. 9. 10·
11. 12*. 13. 15. — XLIII. 4. 5. 12. 12*. 13. 15-20. — XLIV. 1. 4. 7. 9. —
XLV. 1*. 3. 4. 5. 7. 8. 12. 16. 17. 20. — XLVI. 3. 6. — XLVII. 1. 2. 3. 4. 7.
10. — XLVIII. 1. 2. 6. 9-11. — XLIX. 1. 2. 3. 4. 7. 9. 10. — L. 1. 9. 11. 12-
14. 17. 19. 20. — LI. 3. 8. — LII. 4. 6. 7. 9. — LIII. 3. — LIV. 2. 18. 22.—
LV. 5. 8. — LVI. 1. 2. 4. 5. 8. 10*. 11. 12. 13*. — LVII. 1. 8. 9. 11. —
LVIII. 8. — LX. 7. 9. 11. 12. — LXI. 11. 12. — LXIV. 55. 59. 61.—LXV.
1. — LXVII. 11. 22*. 37. — LXIX. 12. — LXX. 5. 14.
Had haokhta Naçka. I. 4. 5. 11. 13. — II. 4. 7. 10. 12. 15. 16. 17. 22. 36.

Yeshts, tome II, 191 et suivantes.

Yesht I. 1. 3*. 6. 15. 18. 23. 30. 37. 40. 43.
Yesht II. 1. 2.
Yesht III. 1. 3. 4. 8. 11*. 14. 17.
Yesht IV. 2 5. 7. 8: 10.
Yesht V. 7. 9. 20. 23. 27. 29. 32. 35. 38. 50. 58. 61. 64. 65. 72. 76. 81. 83.
86. 90. 91-95. 116. 125-130.
Yesht VII. 4.
Yesht VIII. 1. 5. 6. 8. 10. 11. 12*. 15. 21. 32. 38. 43. 46. 46*. 58. 59.
Yesht IX. 1. 2. 19. 29. 30.
Yesht X. 1. 2. 8. 9. 19. 26. 31. 32. 41. 42. 44. 45*. 50. 60. 64. 69. 71*. 72.
79. 80. 81. 82. 85*. 95. 104. 106. 107. 108. 109. 112*. 114. 114*. 115. 117. 119.
120. 121. 123. 124. 126. 128. 129. 138. 138*. 140. 140*. 142*. 144.

Tome III.

Yesht XI. 1. 2. 3. 4. 5. 6. 15. 18.
Yesht XII. 3. 17. 30. 32. 38.
Yesht XIII. 1. 3. 7. 10. 11. 12. 13. 16. 17. 20. 23. 26. 28. 29. 30. 32. 35.
40. 41. 45. 46. 49. 53. 54. 55. 58. 61. 63. 64. 67. 70. 71. 73. 74. 75. 80. 81. 89.
90. 92. 95. 96 et s. 99. 100. 104. 105. 107. 114. 120. 123. 125. 126. 129. 130.
134. 136. 138. 143. 147. 148. 151. 152. 154.

Yesht XIV. 1. 2. 9. 10. 12. 13. 15. 19. 20. 27. 33. 34. 36. 38. 42. 44. 46. 50. 53. 54. 56. 57. 59. 60. 62.

Yesht XV. 1. 8. 11. 19. 21. 24. 28. 32. 40. 45. 47. 50. 52. 53. 54.

Yesht XVI. 1. 13. 15.

Yesht XVII. 5. 7. 9. 10. 10*. 12. 14. 15-17. 20. 54. 55. 56. 57. 59. 60. 61.

Yesht XVIII 1. 2. 3. 5. 6. 8.

Yesht XIX. 1. 3. 5. 7. 9. 10. 12. 18. 33-34. 36. 37. 38. 39. 41. 42. 44. 46. 48-50. 51. 52. 53. 56. 57. 58. 62. 66. 67. 69. 71. 73. 77. 80. 81. 84. 87. 92. 93*. 94. 96.

Yesht XX. 1.

Afrin palghambar. 1. 2. 3. 4. 6. 8.

Yesht XXI. 1. 4. 10. 13. 21. 22. 23. 24. 25. 26. 28. 29. 30. 33. 35. 36. 37. 38. 40. 44. 47. 50. 51.

Nyâyish. I. 1. 2. 8. — III. 5.

Afrigans. I. 2-5. 6. 8. 9. 10. 13. — III. 1. 3. 4. 6.

Gahs. I. 6. — II. 6. 7. 8. — IV. 1. — V. 5.

Sirozah. I. 12. 13. 30. — II. 25.

Fragments. I. 1. 3. — II. 1. 2. — III. 1. — IV. 1. 2. — VI. 1. — VII. 1. — VIII. 1. 2. — IX. 1. 2.

www.ingramcontent.com/pod-product-compliance
Ingram Content Group UK Ltd.
Pitfield, Milton Keynes, MK11 3LW, UK
UKHW021037120726
13693UKWH00005B/2333